JEAN Ier DE TERMES

SIRE DE CONS

(1247-1258)

PAR

M. LÉON GERMAIN

Membre de la Société d'Archéologie lorraine et de la Société française
d'Archéologie, membre honoraire de l'Institut R. G.-D. de Luxembourg
(section historique), correspondant de la Société philomathique de
Verdun, de la Société d'Émulation des Vosges, de la Société historique
de Compiègne et de l'Institut archéologique du Luxembourg.

NANCY

TYPOGRAPHIE DE G. CRÉPIN-LEBLOND

Grande-Rue (Ville-Vieille), 11.

—

1880

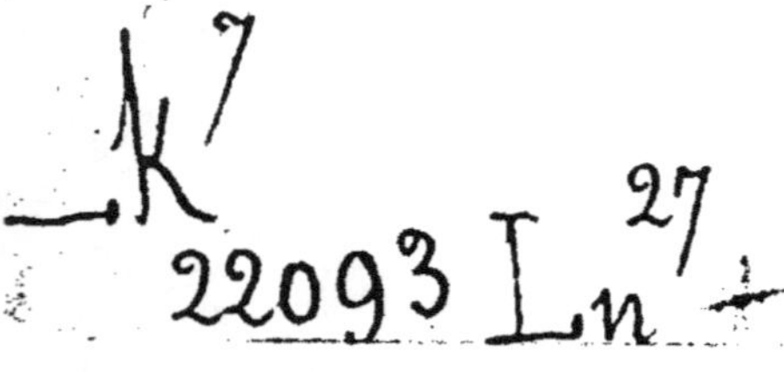

ARMOIRIES DE CONS-LA-GRANDVILLE.

JEAN Iᵉʳ DE TERMES

SIRE DE CONS

(1247-1258).

———

Dans un précédent article (1), j'ai prouvé, d'après des documents tirés du Cartulaire de l'abbaye d'Orval (2), que Jean, sire de Cons (3), successeur de Jacques en 1247, était le gendre de ce dernier, et non pas son fils, comme l'avaient avancé Husson-l'Escossois (4) et, d'après lui, tous les écrivains postérieurs. J'ai ainsi établi que Jean épousa Poince, fille unique et héritière de Jacques de Cons, mais je n'avais rien pu découvrir de l'origine de l'auteur de cette seconde maison seigneuriale.

(1) *Journal de la Société d'Archéologie lorraine*, février et décembre 1878.

(2) Le *Cartulaire de l'abbaye d'Orval* a été tout récemment publié par le R. P. Hippolyte Goffinet, S. J., dans les *Mémoires de l'Académie royale de Belgique*, mais il n'a pas encore été adressé aux sociétés avec lesquelles l'Académie est en relations. L'auteur a eu l'obligeance, dont je ne saurais trop le remercier, de me communiquer une partie de son manuscrit et plusieurs feuillets d'épreuves.

(3) Cons-Lagrandville, canton de Longuyon (Meurthe-et-Moselle).

(4) *Le simple crayon utile et curieux de la noblesse des duchés de Lorraine et de Bar...* 1674.

De nouvelles recherches m'ont appris qu'il se nommait Jean de Termes; je pense qu'il appartenait à la famille des seigneurs de Termes en Ardennes (1), localité située dans l'ancien comté de Grandpré.

Voici quels sont les documents qui me paraissent démontrer ce fait:

1. Dans un acte du 30 mai 1253 sont mentionnés « Johans de Termes, sires de Cons, et Poince, sa femme (2) ».

2. Dans un acte de donation, en faveur de l'abbaye de Châtillon, daté de janvier 1285 (3), Jean II de Termes, sire de Cons, fils de Jean Ier (4), nomme: *Jacques de Conce, son tayon* (aïeul), *Jean de Termes,* son père, et dame *Ponce,* sa mère.

3. Il serait difficile, me semble-t-il, de douter que ce fût le même Jean Ier, sire de Cons, qui se nomme « Jehans de Termes » dans une lettre qu'il écrivit, le 22 mai 1258, au duc de Lorraine, et qu'on lira plus loin, pour

(1) Canton de Grandpré, arrond. de Vouziers.

(2) Archives de Meurthe-et-Moselle, cartulaire *Fiefs des bailliages de Nancy et de Vosges,* f. 161. A la vérité, on lirait plutôt « Jehans de *Tormes* », mais on sait que, souvent, dans l'écriture gothique, les lettres minuscules *o* et *e* se ressemblent beaucoup; le copiste a certainement fait une erreur. M. H. Lepage, dans la table des noms de personnes de son *Catalogue des actes du règne du duc Ferry III,* n'a pas hésité à voir la même personne dans Jean de Termes et Jean de Tormes (V. *Mémoires de la Société d'Archéologie lorraine* de 1876).

(3) Je le donnerai dans le chapitre qui sera consacré à Jean II.

(4) V. *Journal de la Société d'Archéologie lorr.,* décembre 1878.

le prier de recevoir l'hommage de son fils « Jehans », qui était sorti de sa mainbournie (1).

Je vais essayer de dresser le catalogue des actes que j'ai pu recueillir de Jean Ier de Termes, sire de Cons.

—

Actes de Jean de Termes depuis son mariage jusqu'à la mort de son beau-père.

Si l'on pouvait s'en rapporter à un renseignement donné par M. Jeantin, Jean de Termes aurait été marié avec Poince de Cons dès l'année 1231 :

« En 1231, dit cet écrivain, Jacques de Cons et sa femme approuvent la donation que Jehan de Cons et Puntia ou Poincette sa femme... avaient faite de leurs dixmes de Hans les Marville à l'abbaye de Juvigny (2). »

Au mois de janvier 1247 (n. st.), Jacques de Cons, du consentement de *mon signor Jehan*, son gendre, et de *Poincette*, sa fille, donna à l'abbaye d'Orval la ferme de la Caure. L'acte fut scellé par Jacques, par Poince et par l'abbé de Saint-Hubert *(Cartul. d'Orval)*.

Le 25 du même mois, Jacques, du consentement des mêmes Jean et Poince, approuva la donation de la moitié et la vente de l'autre moitié du moulin de Géminel faites à l'abbaye d'Orval par Thierry d'Ugny, chevalier *(Idem ; v. mon précédent article)*.

(1) La maison de Termes étant peu connue, j'ai cru utile de signaler dans un *appendice* les quelques titres que j'ai retrouvés de personnages de ce nom, autres que Jean Ier et Jean II, sires de Cons.

(2) *Manuel de la Meuse*, art. *Cons*, p. 417. Ailleurs, il place le même fait en 1232 *(Marches,* t. I, p. 469).

Je ne connais pas d'actes postérieurs de Jacques de Cons ; il mourut, sans doute, avant le mois de mai et fut enterré à l'abbaye d'Orval. Le nécrologe du monastère fait mention de lui au 9 janvier, ce qui ne peut, semble-t-il, concorder avec la date de sa mort. Son gendre lui succéda, et demeura, du chef de sa femme, seul seigneur de Cons.

—

Actes de Jean de Termes, sire de Cons.

Jean de Termes signala les débuts de son règne comme seigneur de Cons par des affranchissements très-intéressants. J'ai parlé ailleurs de celui qu'il accorda, de concert avec le duc Mathieu II de Lorraine, aux habitants de Grand-Failly, le jour de la Saint-Urbain 1247 (1).

L'ancien Inventaire des archives du prieuré de Cons (2) mentionne le document suivant :

« Déclaration de Jehan, sire de Cons, et de Poncho, sa femme, touchant les biens du Prieuré, en septembre 1247. Cop. n° 4. — Liasse A. Titres anciens, lay. 39. A. 3. »

C'est, sans doute, du même titre qu'il est question dans deux passages du factum des Religieux de 1739 (3) ;

(1) Sans doute saint Urbain, pape, dont la fête se célèbre le 25 mai. Celle de saint Urbain, évêque de Langres, tombe le 23 janvier.

(2) Dans les archives de l'abbaye de Saint-Hubert, actuellement réunies aux Archives du gouvernement de la province du Luxembourg, à Arlon.

(3) *Réponse pour les abbé, prieur et religieux de Saint-Hubert...* 1739. Nancy, Pierre Antoine, in-4°, 35 pp. Pièce très-rare, contenant des renseignements extrêmement importants. Il en existe un exemplaire dans les archives de la fabrique paroissiale.

je crois devoir les reproduire, quoique j'aie déjà signalé le premier.

« Autrefois », lit-on dans ce mémoire (1), « le Village étoit très-petit, les Possesseurs du Château ayant accordé quelques Priviléges à ceux qui y bâtiroient, le Lieu s'augmenta en peu de tems, on nomma les nouvelles Habitations la Neuville, puis la Grandville, le reste s'appeloit autrefois Cons, et s'y appelle encore aujourd'huy ; les Religieux soumirent volontairement à la Justice de la Grandville les Terres arrables, à condition que le Seigneur donneroit à leurs Habitans de Cons toute Franchise, ce qui leur fut accordé par le Titre de 1247. »

« Que signifient », lit-on à un autre endroit (2), « les termes de la Transaction avec Jean Sire de Cons en 1247, qu'ils (les moines) retiennent leurs Usages, le Moulin, le Four Bannal en telle manière qu'il ne peut les en désaisir ? »

Il résulte de ces citations que, dès lors, il existait à Cons une *neuve ville*, ayant une justice particulière et possédant différents priviléges. Elle avait dû être créée par un affranchissement, dont il est bien regrettable de ne pas connaître la date exacte ; mais on voit qu'il est antérieur à celui par lequel Jean, sire de Cons, accorda, en 1248, la loi de Beaumont à « ses bonnes gens » de de sa ville de Cons devant Longwy, *vieille et neuve*. Dans une charte du mois de décembre 1247, dont je parlerai plus loin, il est fait mention du maire et des échevins de cette *neuve ville devant Cons*, ce qui dé-

(1) *Ibidem*, p. 30.
(2) *Ibidem*, p. 7, en bas.

montre qu'elle possédait déjà des institutions communales régulières. Dès cette époque, elle était vraisemblablement régie par la loi de Beaumont: l'acte de septembre 1247 et la charte de 1248 ne firent, peut-être, qu'étendre aux serfs du prieuré et aux habitants du vieux Cons, les franchises dont jouissaient auparavant les bourgeois de la neuve ville.

Au mois de novembre 1247, Jean et sa femme accordèrent deux chartes de confirmation à l'abbaye d'Orval. En voici le texte d'après le cartulaire du monastère.

—

Jean, sire de Cons, et Poince, sa femme, approuvent la donation de la moitié et la vente de l'autre moitié du moulin de Géminel faites, à l'abbaye d'Orval, par Thierry d'Ugny, chevalier.

Novembre 1247.

Je Jehans, sires de Cons, et je Poince, sa femme, faisons conissant à tos ceaus qui ces lettres verront et oront que que nos loons et creantons l'aumone et le vendage que messires Thierris chevaliers de Euignel fist do molin et do vivier, si com il estoit tenans à Gemmereil, à l'église d'Orval, par le los et par l'assentement mon signor Jakome, nostre ancessor, en toz prouz et en toz us. Et por ce que c'estoit nostre fiez et que ce soit ferme chose et estable, et por ce que nous en devons défendre la devandite église de tort et de force, avons nous saeleit de nos seeis cest escrit, en l'an nostre Signor, quant li milliares curroit par mil et dous cens quarante set ans, on mois de novembre (1).

———————

(1) H. Goffinet, *Cartulaire de l'abbaye d'Orval*, p. 301. Le cartulaire manuscrit (t. II, p. 301) mentionne: «Deux sceaux en partie rompus. Collat. à l'orig. »

Jean, sire de Cons, et Poince, sa femme, confirment la donation de la ferme de la Caure.

Novembre 1247.

Je Jehans, sires de Cons, et je Pcince, sa femme, faisons conissant à toz cous qui veront et oront cest escrit qui li aumone de la grange de Corre enthierement, en bois, en preit, en champ, en totes manières, en totes aisances, en toz prous et en toz usages, que messires Jacomes, nostre ancestres, fist à l'église d'Orval, faite fu et est à toz jors à tenir par nostre loz et par nostre assentement, si com les lettres le devantdit Jacome tesmoignent. Et avons fianceit loiament que nos ne venrons jamais contre ceste aumone, ne par nos ne par autrui ; ainz la warantirons contre madame Mahout de Termes et encontre toz autres.

Et fait à savoir que de la grange desordite retenins nos la warde à jor que aumone en fu faite. Et por ce que cest chose soit ferme et estable à toz jors, avons nos mis nos seeis à ces lettres, et avons deproiet le doien de la christienteit de Longuion, de la quele nos sommes, qu'ilh metist son seeil avoec les nostres sceis à ces lettres, et ilh l'i at mis, en l'an nostre Signor quant li miliares corroit par mil et dous cens et quarante set ans, ou mois de novembre (1).

———————

Le 3 décembre 1247, ils mirent leur *neuve ville devant Cons* en la garde du duc de Lorraine, moyennant la redevance de huit francharts de froment, due par chaque bourgeois, excepté le maire et les échevins, et payable, chaque année, dans l'octave de Noël.

(1) *Ibidem*, p. 302. Ancien cartul. (t. III, p. 5) : « Collat. à l'orig., etc. »

Voici le texte de ce titre important, que notre excellent confrère M. Alfred Jacob, conservateur du Musée de Bar-le-Duc et archiviste-adjoint de la Meuse, a eu l'amabilité de nous communiquer.

« *Lettres que lo sires de Cons et sa feme mirent lor Nueveville devant Cons en la warde le duc.* »

3 décembre 1247.

« Je Jehans, sires de Cons, et je dame Poince, sa feme, faisons cognoissant à tous ces qui ces lettres verront et orront que nos avons mis nostre Nueville devant Cons en la warde et en la comandise nostre signor lou duc Maheu de Lorreingne, à tous jours mais, parmei ce que chascuns bourjois de celle Nueveville li doit chascun viii franchart de froment, arreis que li maires et dui (1) eschving, à paier chascun an à octaves de la Noël ; ne pluis n'i puet mes sires li dus, ne autres por lui, demander ne reclamer, arres ceu que nos la tenons de lui en fie ; ne les bourjois devant dis il ne puet deffendre encontre nos, pour choze que nos i faciens. Et por ce que ceste choze soit ferme et establo, sont ces présentes lettres saelées de nos seels, en tesmoignaige de véritei ; que furent faites le mardi devant foste seint Nicholais, quant li miliares corroit par mil et dous cens xlvij ans. » (2)

En l'année 1248, le duc Mathieu de Lorraine et Jean,

(1) *Dui* sans doute pour *tuit* (tous).

(2) « Registre en parchemin du xiv⁰ siècle, coté B. 256, f⁰ 202. » Arch. de la Meuse. (Communication de M. A. Jacob, archiviste-adjoint.)

sire de Cons, ajoutèrent une clause à la charte d'affranchissement qu'ils avaient accordée aux habitants de Grand-Failly ; ils permirent aux maire et justice d'administrer, par leur forestier-juré, les bois de la localité, et d'en faire usage conformément à la loi de Beaumont. Ils leur permirent aussi de prélever certains revenus sur les villes voisines qui prenaient leurs affouages dans ces bois ; les habitants de Petit-Failly furent taxés à quatre sols parisis, à prendre sur leur four ; ceux de Rupt-sur-Othain durent payer quatre francharts d'avoine et faire trois corvées à la saison *aux avoines*.

Voici, d'après une ancienne copie, le texte de ce document, qui consistait en « ung billet escript en parchemin », muni de « deux scelz », et attaché aux lettres originales de l'affranchissement :

Et nous Maheu, dux de Lorraine et merchix, et je Jehan, sire de Cons, chevalier, faisons encor assavoir par ces présentes que nous avons octroiez et octroions à nouz bourgois, maiour et justice, de nostre ville du Grant-Failli la congnixance et le rapport par leur forestier jurez sur tous nous boix dudit Grant-Failli, partout où qu'ilz soient, et leur en baillons l'uzaige et gouvernement selons leur loix et ladite franchize de Belmont ; et, pour la garde et gouvernement desdicts boix, ilz enpourteront sur les villes voixinez prenant affouaige en nous dix boix c'est à sçavoir : sur le four et fornaille de Petix-Failli, quaitre solz de pairexiz ; et sur la foiaille (?) de nouz boix que ceux de Rutz (1) doient pranre en nous dit boix de Grant-Failli, quattre franchars awoine ; et leur feront encor lesdis bourgeois de Rutz, chascun an, trois fois crowez de terre, c'est à sçavoir à la

(1) Rupt-sur-Othain. V. la première note de la charte suivante.

saixons aux awoines. Et toutes s.s choize leur promectons
nous à tenir léalment et en bonne foix, et avons les présentes
seellez de nous seelz, faicte l'an de grace nostre Seignour
mille deulx cents et XLVIII ans (1).

———————————

Le titre suivant intéresse les mêmes localités ainsi
que plusieurs autres. Le mercredi après la Sainte-
Croix (16 septembre) 1248, Jean, sire de Cons, et
Poince, sa femme, déclarent avoir vendu à Mathieu,
duc de Lorraine, l'hommage du seigneur de *la Tour*,
qu'ils tenaient de lui ligement, et le quart de leurs villes
de Failly et de *Rul*, sauf certaines réserves ; ils déclarent
aussi que le duc et eux doivent faire une *neuve ville*
dans ces deux localités ; que toutes ces choses qu'ils
se sont réservées, ainsi que les trois quarts desdittes
villes, ils les tiennent en fief-lige du même duc, avec le
fief de Cons ; enfin que le duc les a quitté de la garde
qu'il leur demandait à Prény, attendu que le sire de la
Tour doit la faire pour eux.

Ge Jehans, sires de Cons, et ge Poince, sa femme, faisons
connoissant à toux ceus qui ces lettres verront et orront, que
nos avons vendu et aquitei à nostre segnor lyge Maheu, duc
de Loheroigne et marchis, l'oumage le segnor de La Tour,
que nos toniens de lui lygement, et quant que il tenoit de
flé de nos, et tout le servise qu'il nos en devoit, et le quart
de nostre vile de Failli et de celui de Rut (2) et de ceu qu'il

———————————

(1) Copie certifiée, non datée, écriture du XVIe siècle.
Archives du château de Cons-la-Grandville ; communication
due à la bienveillance de M. le marquis de Lambertye.

(2) Il m'est impossible de lire ce mot d'une autre manière,
bienqu'il soit écrit Ritt, en caractères du XVIe siècle, au dos

i apent en touz us, de ceu que nos i avons   que nos i
tenons, arriers un charruage de terre, et   que nos i
tenons, et nostre grange, et nostre maiso: les fiez con i
tient de nos ; c'est à savoir la moitié dou mou..., et les fours,
et les chatoires qui sunt trouvées ens foires, et cent jors de
terre, et arriers aussi cincquante jors de terre que li home
de la vile tienent, par rente, de dame Hellui, et les preiz
que Willaumes et Cunes tienent, et la moitié de la pescherie
de l'iaue de la vile ; à touz jours paisiblement et quitement à
tenir, sans reclaim de nos et de nos oirs. Après est à savoir
que nos et nostres sires li dux, devant noumeiz, doiens
faire une nove vile de Failli et de Rut, devant noumées ; en
tele mennière que nos n'y poons rettenir nus de nos homes,
ne des homes à nos homes, ne des homes de noves viles, ne
croître, ne aquiester li uns sans l'autre en la vile, se par le
grei non, et par le assentement de l'un et de l'autre. Et est
à savoir aussi que ces choses qui sunt fors mises, et les trois
parz des viles devant noumées, tenons-nos en fié dou duc

de la charte, ainsi que dans la copie du cartulaire. Dans mon
précédent article, j'ai dit que cette localité me paraissait être
Ruette, près de La Tour-devant-Virton (Belgique) ; mais c'est
bien la même qui est nommée *Ruts* dans la charte précédente et
qui n'est autre que Rupt-sur-Othain. M. F. Liénard, dans le
Dict. topogr. de la Meuse, signale les noms suivants de ce
village : *Rs*, 1243 (cartul. de la cath. de Verdun) ; *Roeux*,
1056 (carte de l'évêché) ; *Rup*, 1700 (carte des Etats) ; *Ruth*,
1760 (Cassini), 1790 (carte des districts) ; *Rirus* (reg. de
l'évêché). La forme *Rupt* est donc fort moderne. M. N. van
Werveke, dans la table, si soigneusement faite, des Chartes
de Roinach (*Public.* de la Soc. hist. de Luxemb., t. XXXIII),
a confondu, ainsi que je l'avais fait moi-même, Ruette et
Rupt-sur-Othain ; les formes : *Riethe* (années 1363, 1369),
Ruethes (1368, 1369, 1372), *Riethes* (1369), *Ruette* (1570), me
semblent se rapporter à la première de ces localités ; les
suivantes : *Ruth* (années 1412, 1413, 1474, 1476) et *Rus*
(1456, n° 1709) me paraissent désigner la seconde.

devant noumei, ligement, avec le flé de Cons; et de la warde
que noatres aires, devant noumelz, disoit que nos doiens à
Prisnei (1), nos li avons reconnut et reconnoissons que li
sires de La Tour, dou flé de Senont qu'il tenoit de nos, la
dut et la doit à Prisnei, por nos, au duc et aus siens. Et por
ce nos en ai li dux laissie en pais, anssi que, desore en
avant, ne nos en puet riens demander, et nos li avons crean-
tei que, de teis lettres et de teiz munimenz que nos avons
de la warde devant noumée, que nos l'en laisserons aidier
toutes les foiz qu'il en averai mestier en bone foi; arriens
ceu que les lettres et li muniment nos demourront en nos
mains aidies. Et, en tesmoingnage de véritei, nos avons fait
ces lettres seeler de nos seiaus, en l'an que li milliaires courroit par mil et cc et xlviij anz, le merkedi prochien après la
feste seinte Croiz.

(Original en parchemin (2). Le sceau du seigneur de Cons
est tombé; celui de Poince, en cire blanche, de forme ovalc-
ogivale, représente une femme debout, maintenant de la
main droite son manteau sur sa poitrine, et tenant un
oiseau sur l'autre. Je n'ai pu lire la légende.)

━━━>━⊂☐≻━≺━━

Pendant le même mois de septembre 1248, Jean,
sire de Cons, et Poince, sa femme, donnèrent à l'abbaye
de Gorze, les hommes et les femmes qu'ils avaient à

---

(1) Sans doute la forteresse de Prény-sur-Moselle. Les
seigneurs de Cons possédaient à peu de distance, on ignore
comment, la terre de Bayonville.

(2) Trésor des Chartes de Lorraine, layette *Fiefs des
bailliages de Nancy et de Vosges*, n° 114. V. aussi Cartul.
idem, f. 141.

Arnaville (1), « en tous prous (profits) et en tous us »,
comme ils les avaient tenus d'acquêt (2).

C'est, probablement, vers cette époque de l'année 1248,
et avant le 13 décembre, que la loi de Beaumont fut
accordée à tous les habitants de Cons. La charte
d'affranchissement soulève une question importante
touchant la mouvance féodale de cette terre.

En 1208, Gilles, sire de Cons, combattait dans l'armée
du duc Ferry II de Lorraine contre le comte Thiébaut de
Bar ; en 1247, Jean et Poince mettaient leur *neuve
ville* de Cons sous la garde du duc Mathieu II, disant
qu'ils la tenaient de lui en fief (« en fie »); un peu plus
tard, dans le charte du 10 septembre, les mêmes recon-
naissaient qu'ils tenaient de lui, ligement, le fief de
Cons (« le fie de Cons »). Or, dans la charte d'affranchissement de 1248, le sire de Cons requiert la confirmation du comte Thiébaut II de Bar, déclarant qu'il
tient « la chastellerie et terre dudit Cons de lui en fiefz
et hommaige » ; et le comte agrée cet affranchissement,
lequel, dit-il, « mon bien aymez conseillier et vassaux
Jehan de Cons, chevallier, at faict et donnéz à ses
bourgeois de sadilte ville de Cons devant Longwy,
vielle et nœuffe », et attendu que Jean de Cons, ajoute-
t-il, « m'en at priez comme son souverain et seigneur de
qui la terre de Cons meut et dépend en fiefz et hommage ».

(1) « En Arnalville ».

(2) H. Lepage, *Communes de la Meurthe*, art. *Arnaville*.
Ce renseignement est sans doute tiré du cartulaire de Gorze
que possède la bibliothèque publique de Metz. La bibliothèque du séminaire de Nancy possède aussi un cartulaire de la
même abbaye.

Doit-on admettre que la mouvance de la seigneurie de Cons était passée, depuis le 16 septembre, du duc de Lorraine au comte de Bar? C'est d'après cette supposition que je crois la charte de Cons postérieure à celle qui porte la date que je viens de rappeler. Mais, dans quelles circonstances cet événement a-t-il pu arriver; comment expliquer que, dans un acte du 22 septembre 1253 la régente du duché de Lorraine nomme « le sire de Cons » au nombre des seigneurs « qui relevaient de son fils », et que penser de la lettre adressée, le 22 mai 1258, par Jean de Termes au duc Ferry III, pour le prier de prendre à *homme* son fils Jean, sorti de sa mainbournie, lettre dans laquelle il paraît considérer le duc comme son principal sinon comme son seul seigneur? Cette question, qui me semble intéressante à différents points de vue, serait peut-être éclaircie par des recherches concernant l'histoire féodale, si peu connue, des localités environnantes et généralement de tout le pays du Barrois septentrional limitrophe des comtés de Luxembourg et de Chiny. Ce serait là, assurément, un sujet d'étude fécond en découvertes utiles, mais qui demanderait des recherches longues et minutieuses.

L'original de la charte de Cons est perdu. Les archives communales en possèdent un *vidimus*, daté du vendredi après Noël 1366 (1), signé par deux notaires et scellé par l'official de la cour de Metz; ce document n'est plus intact; l'un des coins supérieurs de la pièce

____

(1) Le greffier Harauchamps s'est trompé en datant de l'année 1316 ce vidimus, et de l'année 1245 la charte d'affranchissement.

a été arraché; en plusieurs endroits le parchemin est usé à tel point que l'écriture a disparu. Mais il existe deux copies assez semblables du texte de la charte : la première se trouve dans un acte de confirmation de l'affranchissement, de l'année 1454; cette copie est faite d'après le *vidimus* de 1366, ce qui prouve que, dès cette époque, l'original n'existait plus dans les archives de la commune; la seconde, qui est une copie complète du même *vidimus*, a été faite en 1685 par N. Harauchamps, greffier de la seigneurie de Villers-la-Chèvre, localité dépendante de la baronnie de Cons.

Voici, d'après ce *vidimus*, le texte de la charte d'affranchissement. J'ai suppléé aux parties détruites à l'aide des deux copies indiquées. Ces passages sont en caractères italiques.

Je Jehan, chevalier, sire de Cons devant Longwy, salut. Savoir fais à tous qui ces présentes verront que, pour la humménerable prier *que mes bonnes gens* de ma ville de Cons devant Lonwy, vielle et nueve, m'ont humblement priés, assavoir *est que je Jehan, chevalier devant dit, à la pétission* et prier desdis mes hommes dudit Cons, les ay affranchis *et par ces presentes affranchi, par tout où* que ce soit et puise estre, pour tousiours et maix, et les mès à la *loy de Belmont,* (1) eaulx, leurs femmes et anffans, et toute (*sic*) leurs lignies apréz eaulx venant et dessandant, et *veult que ils en usent* franchement selong frans bourgois mis à laditte loy de Belmont. Et je Jehan, chevalier dessourdit, me delaye et oste mes mains de toute (*sic*) les servitudes de morte

(1) La lacune qui existe à cet endroit dans le parchemin est bien regrettable, car la copie faite dans la confirmation de 1454 porte : « à la *nuesye lol de Beaulmont* », ce qui est assez énigmatique.

mains, c'este assavoir de *fourmariage*, de crowée et d'assize, et encor de toutes aultres villainnes servitudes en coy les devant dit mes hommes estoient envers my liéz et tenus pour tout faire et pour tout pranre. Et lours donne croix et liberteit de franchise selon la dessourditte loy de Belmont. Et veult et lours donnet (*sic*) le rewair par justice sur le molin du priour de Cons, et qu'ilz songnaissent, az mounié qu'ilz (*sic*) ferait (*sic*) molre ledit mollin, la *mesure* du pougnel et le priour les aultres measures; et me doient rappourter laditte justice, par lour serment, *les* amendes faites oudit molin, se amende y ait, comme soverains dessus et aiant retenus par mes prédessessours celle congnoissance et aultres sus le desourdit moulin (*sic*); et lours doit ledit mounié, pour lours rewair, chascun emplir et donner lourdit pougnel plain de froment, teilz come ycellui que retenus y avons. Et aussy, *pour* lours aissance et affoiage de lours diltes villes de Cons, vielle et nueve, lour ay assignet (*sic*) et assignet (*sic*) à *pranre et à coupper* en mon petis boix delès Frannoy et à mon grant boix de la Taille, gissant entre le boix de laditte Frannoy et le boix de la Taverne, les recruttes et la petite coste amon (1) Chiez, le Falelz (2), et en tous ces lieus dessour dis. Et leurs (*sic*) donne encor yawe et assance d'iawe en ma rivier de Chiez, acomenssant desoub laditte petite coste jusques à la priorelz et rivier dudit priour de Cons. Saulf tant que je Jehan, chevalier devant dit, retien et fay ma retenue de toutes mes rentes de fourte monnoie et aultres, teille comme elle sont et estoient devant ceste affran-

(1) Il faut sans doute lire *amont*, ainsi que l'a écrit N. Harauchamps dans une copie de la confirmation de 1454 : *amon Chies*, en amont de la Chiers.

(2) Ce mot, qui est peu lisible dans le *vidimus* et qui est encore plus effacé dans l'acte de 1451, est écrit par Harauchamps *Fayelz* dans sa copie du premier de ces documents, et *Fayel*, dans celle du second.

chises et liberteit faite et donnée es dessour dis. Et encor, retien la warde de la nueve maixon et les allées qu'elle me doit faire et pourter. Et est encor assavoir que je Jehan, chevalier, pranray et lieveray pour mon terraige sus mes desourdis hommes de XIIII gerbes une, partout où ilz laboureront, et le priour, pour son deipme, empourteray les doulz part et le curel dudit Cons le tiers. Et pour laquelle chose faite et données, j'ay priés à mon très redoubteit seignour monsr. Thiebault, cuens de Bar, qu'il le, my et eaulz, volsist agréer et consantir, pourtant que *je Jehan*, chevalier dessourdis, tiens la chastellerie et terre dudit Cons de lui, en fiefz et hommaige; et ledit monsr. Thiebault, cuens de Bar, m'ait agréer, consantir et confermer toutes ces choses desour dittes et chascune d'icelle, par la forme et manière qu'elle (*sic*) sont faites et données, come soverain dudit lieus de Cons. En tesmoingnaige de ceu, et affin que se soit fern.e chose et estauble, ay je Jehan, chevalier, signour (*sic*) dudis (*sic*) Cons, mis mon saielz en ces présentes, que furent faites et données en l'an de graice nostre Seignour Jhésucrist par mil II{e} quairente et euitt ans.

Le comte de Bar, sollicité par le seigneur de Cons d'agréer l'affranchissement des habitants, donna son approbation par un acte que le greffier Harauchamps a transcrit comme il suit. Cette copie, défectueuse quant à l'orthographe, parait exacte quant au fond.

Je Thiébault, cuens de Bar, faict asçavoir à tous que je agrée et octroye et veut bien tous les affranchement, chartes et creux de franchises à la loix de Belmont, que mon bien aymez conseillier et vassaux Jehan de Cons, chevallier, at faict et donnéz à ses bourgeois de sa ditte ville de Cons devant Longwy, vielle et nœuffe, partout où que ce soit, et ceste agrée et agréation ay je Thiébault, cuens de Bar, faict

·à la prière dondit Jehan de Con (*sic*), chevallier, qui m'en ât priéz comme son souverain et seigneur de qui la terre de Cons meut et dépend en fiefz et hommage. En tesmoignage de vérité ai je (1) Thiébault, cuens de Bar dessusdit, mis mon seel en ceste présente agréation, qui fust faiote et donnéz l'an de grâce nostre Seigneur Jésus Christ par mil deux cent quarante et huict, le jour saincte Lucie (2).

En la même année 1248, d'après M. Jeantin, Jean et Poince donnèrent une charte en faveur de l'abbaye de Châtillon (3).

Les trois actes suivants se trouvent dans le Cartulaire d'Orval.

1249, 5 mai. — Jean, sire de Cons, atteste que Jehennin et Margot, sa femme, veuve de Thierry d'Ugny, renoncent à leur opposition relative à la dona-

(1) Au lieu de *ai je*, le copiste a, en réalité, écrit *aye*, mais c'est sans doute parce qu'il a pris les lettres *i* et *j* pour un *y*.

(2) Sans doute sainte Lucie ou Luce, vierge et martyre, dont la fête se célèbre le 13 décembre, plutôt que sainte Lucie de Sampigny (19 septembre), dont le culte n'a guère franchi les bornes du diocèse de Verdun.

(3) *Manuel de la Meuse*, p. 1630. En 1248, dit-il, « *Jean de Cons* et *Pontia de Failly* sa femme sanctionnèrent la donation de *Jacomin de Cons* leur fils ». Il ne faut pas s'étonner que M. Jeantin nomme la femme de Jean, seigneur de Cons : « *Pontia de Failly* ». Ailleurs, il la nomme « *Pontia de Chauvency* ». Quant à son prétendu père, il l'appelle *Rambault de Chauvency* ou *de Jametz*, *Radulphe de Perpont*, *Paganus*, *comté de Muscey*, etc. — Rien ne peut faire supposer que Jean et Poince aient eu un fils nommé Jacomin. Ne s'agirait-il pas plutôt de Jacques de Cons, père de Poince ?

tion de la moitié du moulin de Géminel faite à l'abbaye par ce dernier.

1249, juin. — « Jehans, chevaliers, sires de Cons, » et « Ponche, sa femme, dame de Cons et iretière » (héritière), constatent la vente des vignes nommées *Acles*, faite par la communauté de Bayonville (« Baonville, ki est nostre ville ») à la même abbaye.

1250, 25 mai (Trois jours après les octaves de la Pentecôte). — Les mêmes donnent à l'abbaye l'usage du bois de Bayonville et le droit de pêche sur le ban de ce village. Dans cet acte, ils nomment, pour la première fois, leurs enfants *Jean* et *Jacquelle*, dont ils énoncent le consentement : « Et fait à savoir ke ce fut fait par le otroit de Jehan, nostre filh, et de Jacquemette, nostre filhe (1). »

Le titre que voici est analysé dans le Répertoire des chartes luxembourgeoise de M. Würth-Paquet :

« **1251** (31 mars v. st., 14 mars 1252 n. st.) JEUDI APRÈS LA MI-CARÈME. — Jean, sire de Cons (la Grandville), et Ponche, sa femme, font savoir qu'ils ont vendu à Henri, comte de Lucc., tous les fiefs qu'ils tiennent de lui et que le seigneur d'Apremont tenait d'eux, comme aussi le seigneur de Fontois et le seigneur de Muchy (Mussy ?). — Cette restitution a été faite en suite d'un jugement rendu par la cour du comte.

» Arch. Gouv. Luxemb. Cartul. parch. fol. 34 v°, français » (2).

(1) Vers la même époque, les abbayes d'Orval et de Saint-Hubert firent un accord au sujet de la prairie de la Caure ; cet acte, dont la date n'est pas bien fixée, à cause de la non indication du style, est du 21 mars 1250 ou du 10 avril 1251 (*Cartulaire d'Orval*).

(2) *Publications* de la Soc. hist. de Luxemb, t. XV, p. 61.

Le 1ᵉʳ novembre 1251, Jean et sa femme déclarent que les habitants d'Ugny doivent faire moudre leur grain au moulin de Géminel et qu'ils n'ont aucun droit sur le bois d'Ugny-la-Grange appartenant à l'abbaye d'Orval (1).

Par lettres du 30 mai 1253, ils mandent à *Liedemart*, seigneur de *La Ferté*, au seigneur *Thierry d'Amel (?)*, à la dame de *Faucogney*, à monseigneur *Thiébault de Parney*, et au seigneur *Bertrand le Journe*, citain de Metz, qu'ils reprennent de Catherine (de Limbourg), duchesse de Lorraine (femme du duc Mathieu II), et de Ferry, son fils, les fiefs qu'ils tenaient auparavant des seigneurs de Cons. On trouve une copie, assez mauvaise, de cet acte dans un cartulaire du Trésor des Chartes de Lorraine.

Johans de Tormes, sires de Cons, et Poince, sa femme, à lor ameiz et lor féables Liedemart, segnor de la Ferté, et à segnor Thierry d'Anule (2) et à la dame de Falcoigney, et à mon segnor Thiébault de Parney (3), et au segnor Bertrand le Journe (4), citoien de Mez, salut et dont bien. Nos vos mandons et volons que nos tele fiaulté et tel homaige com vos nos devez, que vos les faites à nostre dame Katherine, duchesse de Loheraigne et marchise, et à Ferry, son fil, sy cum de héritaige. Et ceu est par nostre grei ; et tantwst com vos l'averiez fett, nos vos en acquittons. Et, en tesmoingnaige

(1) *Cartulaire de l'abbaye d'Orval.*

(2) Sans doute *Amele*, Amel, canton de Spincourt, Meuse.

(3) Pagny-sur-Moselle (?).

(4) Ou « *le Journe* », ce qui est, peut-être, une mauvaise lecture de *Jeurue*.

de véritei, nos avons faict ces lettres seeler de nos sieaus,
que furent settes le venredy prochien après l'Ascension,
quant li miliaires courroit par mil et deux cens et cinquante
et trois ans (1).

Cet acte est le dernier dans lequel figure Poince de
Cons, qui mourut vraisemblablement peu de temps
après. Il est probable que Jean Ier de Termes conserva
pendant quelques années, comme tuteur de son fils, le
gouvernement de la seigneurie, puisque le 22 mai 1258,
seulement, il écrivit au duc de Lorraine pour le prier
de recevoir l'hommage de son fils, sorti de sa mainbournie. D'après cela, j'attribuerai provisoirement à ce
seigneur tous les actes faits au nom de « Jean, sire de
Cons, » antérieurs à la date qui vient d'être indiquée.

Le 22 septembre 1253, Catherine de Limbourg, duchesse régente de Lorraine, reçut à perpétuité sous sa
garde les habitants de Toul, et donna pour caution,
outre les villes de Nancy et de Neufchâteau, tous les
seigneurs qui étaient hommes-liges du duché, au
nombre desquels elle nomme le sire de Cons (2).

En l'année suivante, on trouve un fait dont l'expli-
cation est difficile. Jean II de Termes épousa, ainsi que
je l'ai déjà dit ailleurs, Isabelle de Mirwart; or, en
1254, la duchesse régente écrivit à sa « cherre et bien
amée *Ysabethz, dame de Cons* », pour la prier de
renoncer à une redevance de blé que lui devaient les
habitants de Grand-Failly; et, le 29 juin de la même

(1) « Scellées de deux seelz de paste sur doubles queues ».
Cartul. *Fiefs des bailliages de Nancy et de Vosges*, f° 161.

(2) Dom Calmet, *Hist. de Lorr.*, 1re édit., t. II, preuves,
col. cccclxxiii. Aug. Digot, *Hist. de Lorr.*, t. II, p. 77.

année, la même « Ysabethz, dame de Cons, » consentit
à cette remise. Si Jean II n'attint sa majorité que vers
1258, on ne peut pas admettre que cette *Isabelle, dame
de Cons*, fût sa femme, et qu'elle pût avoir, durant sa
tutelle, l'administration momentanée de ses biens ; de
plus, une charte du 8 juin 1264 (1), dans laquelle il est
parlé des convenances du mariage de Jean, seigneur
de Cons, avec Isabelle de Mirwart, semble démontrer
que leur alliance eut lieu vers cette époque, et ce n'est
que plusieurs années après que l'on trouve des actes
constatant ce mariage. Il faut donc supposer que
Jean Ier épousa, en secondes noces, une personne qui
portait le même prénom que la femme de son fils, et
qui avait des droits sur Grand-Failly, ou bien admi-
nistra, pendant une absence de son mari, la seigneurie
de Cons.

Quoiqu'il en soit, voici le texte des deux lettres,
d'après deux copies sur parchemin faites en 1695. (2) :

Caterine, duchesse de Lorraine et marchize, à ma cherre
et bien amée Ysabethz, dame de Cons. Comme ainsi soit que
de novez j'ay relaixez en perpétuité aux bourgeois et manans
de Grand Failly ma partes des redevances de bleifz froment
qu'ils me paioient chacune année au jour de St Martin d'iver,
pour la cause des affouailles contenues en leurs chartes plus
pleinement ; pour lesquelles charges je vous prié que, comme

(1) Nat. de Wailly, *Notice sur les actes en langue vul-
gaire du XIIIe siècle.....* Paris, 1878, p. 73, n° 91. Cet acte
sera transcrit dans le chapitre consacré à Jean II.

(2) Je dois la communication de cette transcription à l'obligeance de M. H. Lepage, archiviste de Meurthe-et-Moselle
et Président de la Société d'Archéologie lorraine.

et par la manière que dessus, le veuilliez accorder on tant qu'il vous touche. Que fut fait soubz mon saulz, en témoignage de véritez, l'an mil et deux cens et cinquante quatre ans.

———

Je Ysabethz, dame de Cons, en faveur de ma très-redoubtée dame la duchesse de Lorraine et marchise, ay accordez et accorde ledit relaix èsdits bourgeois et manans de Grand Failly, en tout ce que à moy en touche. Co fut fait en mil deux cens et cinquante quatre ans, le pénultième de juin.

———

Le lundi devant l'Ascension (22 mai) 1256, Jean, sire de Cons, atteste que plusieurs personnages renoncent à leurs réclamations, contre l'abbaye d'Orval, au sujet du bois et de la terre situés au-dessus du moulin d'Ugny (1).

J'arrive au dernier acte que je croie pouvoir attribuer à Jean Ier de Termes. C'est la lettre, en date du 22 mai

———

(1) *Cartulaire d'Orval*, charte intéressante par tous les noms qu'elle contient.

Voici encore, dans le même cartulaire, deux chartes concernant Ugny :

Février 1258 (n. st.) — Benuitin, prévôt de Perpont, atteste que le châtelain et le cellérier de Perpont, ainsi que lui-même, se portent caution envers Orval pour la dîme d'Eugny.

Mars 1258 (n. st.) — Renaud de Bar, sire de Perpont, atteste que Guillaume de Roussenge, Perrin, son fils, et Gérard, le voué, ont donné à l'abbaye le dimage d'Eugny, et ont renoncé aux prétentions qu'ils élevaient à la charge des religieux.

1258, par laquelle il prie le duc de Lorraine de recevoir l'hommage de son fils, fors de sa mainbournie, et de lui rendre sa terre en fief.

A son très chier signour lou duc de Lorrègne, Jehans de Termes, salut et son servise apparellié en toutes choses. Sire, ge vos fais à savoir que Jehans, mes filz, est fors de ma maimburnie et que ge li ai quitée sa terre; sire, por ce vos pri, com à mon signor, que vos le prennez à home et li randés sa terre et son fié, que ge tenoie de vos; et, por ce que vos lou créet, vos ai ge anvoieit mes lettres-pandans saelées de mon seel, que furent faites en l'an que li miliaires corroit por mil cc et LVIII, le mercredi après la Trinitei.

Original en parchemin (1). Sceau tombé; il en est fait mention dans l'Inventaire de Dufourny (Bibl. publ. de Nancy, t. VI, p. 269) : « Scellées en cire blanche, un homme à cheval, galoppant, armé de toutes pièces, l'épée haute. »

Que devint Jean de Termes après cette époque; à quelle époque finit-il ses jours, et où reçut-il la sépulture? Ce sont autant de questions auxquelles il m'est impossible de répondre.

On a vu, par la charte du 25 mai 1250, que Jean et Poince eurent deux enfants: *Jean II*, marié à Isabelle de Mirwart, laquelle vivait encore en 1310, et *Jacquette*, qui épousa successivement Renaud de Neufchâtel de Warise puis *N.* de Mes, et eut deux fils, Perrin de Neufchâtel et Jean de Mes, qui, vers le commencement du XIVe siècle, se partagèrent l'héritage de leur oncle, mort sans postérité; Jacquette était probablement décédée avant lui (2).

(1) Arch. de Meurthe-et-Moselle, Tr. des Ch., lay. *Fiefs divers I*, n° 7.

(2) V. *Journal de la Soc. d'Arch. lorr.*, décembre 1878.

APPENDICE.

1. — En 1228, dans un titre du *Cartulaire d'Orval* qui fait mention de Stenay, on remarque le nom de « *Guido de Termes, miles* ».

2 — En novembre 1247, Jean, sire de Cons, et Poince, sa femme, confirmant la donation de la ferme de la Caure à l'abbaye d'Orval (v. plus haut), déclarent qu'ils garantissent cette donation « contre madame *Mahout de Termes* ».

3. — Avril 1260. Charte de « Jehans de Termes, baillis le conte de Rethest (Réthel), et Guys de Truny, chevalier,... » constatant un échange de biens conclu entre particuliers. (L. Delisle, *Notice sur le cartul. du comté de Réthel*, n° 163.)

4. — Le 27 octobre 1267 (jeudi avant la Toussaint), Henri, comte de Grandpré, reconnaît avoir vendu, à Thiébaut, comte de Bar, différents biens, notamment tout ce qu'il possède en l'abbaye de Montfaucon, excepté, dit-il, « les bychez de Cierges et les homes que nos avons donéz à mon signor *Gérart de Termes* et fie et en homaige ». (Original, lay. Saint-Pierremont, 23.)

5. — Le 30 octobre 1272 (dimanche avant la Toussaint), « *Jehans, sires de Termes*, » reconnaît qu'il est hommo-lige de Thiébaut, comte de Bar, après le comte de Grandpré, et qu'il doit mettre en acquêt cent livres de provenésiens près de Clermont, lequel acquêt il tiendra en fief et hommage dudit comte. (Original, lay. *Bar fiefs I*, 29.)

Au premier abord, j'avais pensé que ce Jean, sire de Termes, pouvait n'être pas différent de Jean II de Termes, sire de Cons; toutefois, rien n'indique que ce dernier et son père aient possédé la seigneurie de Termes.

Le sceau qui était appendu à ce document est perdu, mais on en trouve la description suivante dans l'Inventaire de Dufourny, à la suite de l'analyse de la pièce : « Scellée en cire blanche, un homme à cheval, armé, etc. ; il paroît un lambel sur l'escu. » (*Inventaire*, Biblioth. publ. de Nancy, t. II., p. 6.)

NOTE SUR LES ARMES DE CONS-LA-GRANDVILLE.

Jusqu'à la Révolution, la commune de Cons n'a pas eu de sceau ni d'armoiries. Mais on peut considérer comme armes de cette localité celles du marquisat de Cons-la-Grandville, dont l'écu, d'après les lettres d'érection et tous les histotoriens (1), sont celles de l'ancienne baronnie et de la maison de Cons. C'est à ce titre que M. Constant Lapaix, graveur héraldique, auteur de l'*Armorial* des villes de Lorraine, a représenté, dans l'appendice de la seconde édition de son ouvrage, les armes de cette localité d'après une empreinte ancienne du sceau de la prévôté du marquisat que je possède et qui entièrement semblable, sauf l'inscription, au sceau de tabellionnage dessiné par M. Boulangé.

M. Lapaix a bien voulu me céder, pour orner cette notice, le bois qu'il a gravé. Comme les émaux n'y sont pas indiqués, je décrirai ces armes, pour la première fois, d'après les lettres patentes d'érection du marquisat, datées du 3 janvier 1719 et copiées dans les registres du héraut d'armes Claude Charles.

« D'argent, à cinq roses de gueules, 1, 2, 2, *tigées, feuillées et terrassées de sinople ; et, pour cimier, une rose*

---

(1) Dom Calmet, *Notice*; Durival, *Description*, t. I, page 334 ; Husson-l'Escossois; Cayon, *Armorial de l'anc. chev.*; Jeantin, Boulangé, etc.

de l'écu, tigée et feuillée de même, issante d'un armet contourné, grillé, et couronné d'une couronne de marquis, orné de ses lambrequins et bourlet aux métail et couleur de l'écu. » (1)

———

NOTE SUR UNE COPIE DE LA CHARTE D'AFFRANCHISSEMENT

DE CONS.

Il existait autrefois dans les Archives de Lorraine, lay. *Choiseul*, n° 5, une copie en papier du *Vidimus* de 1366 de la charte d'affranchissement de Cons. Elle avait été faite et collationnée par « Baltin, notaire apostolique et impérial, et greffier de la baronnie et seigneurie de Cons », le 2 mars 1626. La layette à laquelle elle appartenait ne se trouve plus dans les Archives de Meurthe-et-Moselle, mais je viens d'en découvrir une analyse détaillée dans l'Inventaire de Dufourny (t. IV, p. 385) ; elle est fort incorrecte, ce qui peut donner à croire que la copie était elle-même défectueuse. La seule remarque intéressante que j'aie faite, c'est qu'on y lit, ainsi que dans l'acte de confirmation de 1454, que le sire de Cons affranchit les habitants « à la NEUVE loy de Belmont ». Il n'y a donc plus de doute qu'il ne faille réintégrer ce mot dans le texte de la charte d'affranchissement.

(1) Ces lettres d'érection ont été imprimées ; la description des armes ne diffère que quant à la formule, seulement le mot *terrassées* n'y est pas reproduit. (*Lettre d'érection du marquisat de Cons-la-Grandville.* — Nancy, Vve Gaydon MDCCXIX.)

TABLE ONOMASTIQUE.